Didier.

HISTOIRE

DE LA

CONSPIRATION DE 1816

documens et explications

NOTES ET NOTICES

SUR LES HOMMES

QUI ONT FIGURÉ DANS CE GRAND DRAME,

suivis

Du Compte-Rendu du procès fait par *M. Simon Didier* au Journal de l'Isère, et de celui intenté par le pouvoir aux journaux reproducteurs de la lettre de M. Simon Didier :

PAR B. SAINT-EDME,

L'un des Auteurs de la *Biographie des Hommes du Jour.*

A chacun ses œuvres.

Prospectus.

PARIS,

AUG. LE GALLOIS, ÉDITEUR; —

AU BUREAU PRINCIPAL, RUE DES BOUCHERIES-ST-G., 38,

— PILOUT ET Cie,

Rue de la Monnaie, 22.

1841.

DIDIER.

HISTOIRE

DE LA

CONSPIRATION DE 1816.

PRÉAMBULE.

Deux procès sont engagés : —

Un fils réclamant pour la mémoire de son père, indignement calomniée par un des journaux du pouvoir, le *Courrier de l'Isère*, fait insérer dans la *Gazette du Dauphiné* une lettre rectificative, qu'il avait en vain adressée au journal calomniateur, et intente à celui-ci une action judiciaire, en réparation de la calomnie dont il s'est rendu coupable ; —

Cette lettre, répétée aussitôt par six feuilles parisiennes, amène la saisie des journaux reproducteurs : —

Ainsi, procès à Grenoble, entre le fils de la victime de 1816 et un des organes du gouvernement; procès à Paris, entre les journaux de l'opposition et le ministère public : —

Ce dernier procès a pris, depuis, des proportions démesurées, attendu la saisie qui s'est faite de plus de quatre-vingts journaux des départemens, pour cause de reproduction de la susdite lettre.

Or, de quoi s'agit-il ? —

M. Simon Didier, que nous avons vu et entendu, que nous reconnaissons pour homme de conscience et d'énergie, de religion et de vraie piété filiale, M. Simon Didier dit deux choses : —

D'abord, que son père n'a point voulu

établir une Jacquerie en 1816..., c'est à dire le caprice armé des mauvaises passions, le pillage, l'organisation du massacre facultatif, l'insécurité des personnes et des propriétés, le brigandage qui ne serait pas réprimé par la force; —

Ensuite, que quand même son père, sans la participation du ...., avec lequel il avait passé, lui a dit sa mère, plusieurs heures en conférence avant l'explosion du complot, aurait voulu hisser ...., faudrait-il perdre les instrumens .... ?

Voilà pour le procès de Grenoble.

Quant au procès de Paris, il est réduit à cette simple question : —

Les journaux reproducteurs de la lettre de M. Simon Didier ont-ils eu l'intention d'accuser le duc d'Orléans de participation au complot de 1816 ?

Evidemment, ces journaux n'ont été mus que par le sentiment de justice et d'équité qui avait guidé M. Simon Didier lui-même : —

Car aucun d'eux n'a formulé, en publiant la lettre de M. Simon Didier, l'accusation de complicité du duc d'Orléans dans la conspiration grenoblaise.

Au surplus, pourquoi M. Simon Didier n'a-t-il été entendu, dans l'instruction, qu'à titre de témoin ? —

Si la lettre est incriminable, c'est l'auteur de la lettre qu'il faut juger, non ceux qui l'ont publiée à sa prière.

D'ailleurs, rien dans la lettre ne saurait justifier le bruit qu'on en a fait, ni les nombreuses saisies à Paris et dans les départemens. —

Ce qu'il faut croire, ce que le bon sens public comprendra sans doute de reste, c'est que le ministère a fait acte d'hostilité contre la presse indépendante, dont il serait heureux de se débarrasser à tout prix.

Dieu lui soit en aide !

Que le ministère ait eu tort de réveiller les souvenirs de 1816, pour ses membres et pour ses amis, cela est incontestable : — nous nous garderons, nous, de lui en faire reproche. —

On savait mal l'épisode de 1816 : — ceux qui, par leurs fonctions, avaient pris part à la victoire, se renvoyaient de temps en temps quelques mots de blâme que la France était inhabile à interpréter ; — aujourd'hui, une occasion s'offre de l'éclairer : — nous ne serons pas des derniers à en profiter, nous qui avons souvent rompu des lances sur la brèche.

Lorsque la Restauration, compromettant les intérêts du peuple et les siens propres, se faisait réactionnaire ; —

Qu'elle confiait le soin de ses vengeances à des ministres que la trahison et des passions honteuses lui avaient acquis, —

A des tribunaux extraordinaires qui se croyaient autorisés au mépris des formes légales, —

Elle excitait les colères et les haines ; —

Elle favorisait l'impatience des mécontens et les projets des ambitieux : —

L'esprit populaire était dans un état d'exaltation tel, au commencement de 1816, que toute espérance se trouvait encouragée, que toute tentative avait sa justification raisonnable.

C'est dans ces circonstances que le complot de Grenoble éclata : —

Des têtes furent mises à prix ; —

Des innocens, — reconnus innocens, — un vieillard, un enfant, rougirent de leur sang l'échafaud des vainqueurs ; —

Des recommandés à la clémence royale, — par les juges, par les maîtres de l'insurrection, — furent jetés au bourreau, en exécution d'ordre télégraphique : —

Toutes ces rigueurs, — tous ces excès de puissance, — devaient-ils servir à consolider le gouvernement une seconde fois restauré ? — Louis XVIII pouvait-il-le penser, et, tout en se trompant, être à cet égard de bonne foi ? —

Ou bien, ce prince avait-il autour de lui, —dans la gestion des affaires de la royauté, — des hommes intéressés à n'accorder merci à aucun des vaincus, — à acheter, du silence de la tombe, un repos prêt à leur échapper ? —

Et puis,

Où sont les détails de l'événement ? — Qui en a réuni les faits et les actes ? — Quel est l'honnête homme, l'écrivain hardi, le patriote dévoué, qui s'est livré à une appréciation consciencieuse et sévère des différentes parties de ce grand drame, — cause et résultat, — caractère des complices et conduite des administrateurs, des magistrats improvisés, des ministres ? —

Nul ne s'est occupé du soin d'établir et de discuter ce point important de notre histoire contemporaine ; d'y répandre la lumière de l'examen, par la puissance de la logique et l'étendue des recherches : —

Nous allons entreprendre cette tâche. —

Tout ce que la Restauration a abandonné à la publicité des journaux ; —

Tout ce que des parties intéressées ont pu consigner dans des brochures ou dans des livres, et qui offre quelque valeur, —

Nous le donnerons.

Ne bornant pas là nos investigations, nous consulterons toutes les personnes qui ont été en position de recueillir des pièces ou des faits ; — qui ont été sur les lieux lors de la catastrophe; — qui ont connu les vaincus ou les vainqueurs ; — dont la mémoire, et leur amour pour la vérité historique doivent nous être d'un secours réel. —

Nous ajouterons aux pièces et aux renseignemens que nous mettrons tous nos soins à nous procurer, *les documens et les communications que M. Simon Didier a bien voulu nous promettre.* —

Et comme, dans des affaires de cette nature, on a besoin de connaître le principal personnage, celui qui fut le héros de l'entreprise, nous écrirons la vie entière de *Jean-Paul* DIDIER, et nous commencerons notre publication par ce travail curieux, destiné à présenter sous son véritable jour le chef d'un complot sur lequel on n'avait jamais eu, jusqu'à Peuchet, que des données incertaines.

Historien de détermination et d'honneur rigoureux, nous dirons tout ce que nous savons, tout ce qui nous parviendra d'ignoré jusqu'à ce moment, — sans crainte et sans réserve : — car nous aurons constammant devant les yeux cette devise de notre livre :

A CHACUN SES ŒUVRES.

Mais notre ouvrage serait incomplet, si nous le limitions au récit de l'événement de 1816 : — le nom de Didier a reparu sur la scène politique de 1841 : — le fils a rappelé le père, la presse s'est emparée de tous les deux. La presse, le père, le fils, les insurgés de 1816, leurs juges et leurs bourreaux, sont aujourd'hui traduits par-devant l'opinion publique : il faut donc que l'opinion publique soit à même de prononcer. —

C'est pour ces motifs que nous rendrons compte du procès entre M. *Simon Didier* et *le Courrier de l'Isère*, et de celui que le gouvernement a intenté aux journaux indépendans des départemens et de Paris.—

On verra s'il est permis à un fils de défendre la mémoire de son père, et si, en l'aidant, la presse qu'on dit libre a commis un acte punissable. —

Le pays jugera à son tour :

A CHACUN SES ŒUVRES.

L'ouvrage entier se composera d'un volume divisé en deux parties.

Les livraisons paraîtront à des intervalles rapprochés; elles se composeront de 64 pages d'impression, format et caractère pareils à ceux de ce prospectus.

La première livraison paraîtra du 20 au 25 août 1841.

— Prix de la livraison : 50 cent.

IMPRIMERIE DE P. BAUDOUIN,
Rue des Boucheries Saint-Germain, 38.